Recettes d'été

Marie MASSIET DU BIEST

Dormonval
CH – LUCERNE

✕	préparation très simple
✕✕	préparation facile
✕✕✕	préparation élaborée
○○●	peu coûteuse
○●●	raisonnable
●●●	chère

Photographies : SAEP/Annabelle ROSE et Frédéric PERRIN.
Coordination : SAEP/Éric ZIPPER.
Composition et photogravure : SAEP/Arts Graphiques.
Impression : Union Européenne.

Conception : SAEP CRÉATION
68040 INGERSHEIM - COLMAR

La cuisine d'été, c'est la cuisine du soleil, des jours qui s'allongent et des moments privilégiés autour de repas au jardin, en famille ou entre amis.

Ces repas commencent déjà au marché après un copieux et délicieux petit-déjeuner.

Le marché estival met tous nos sens à contribution : notre regard est émerveillé par la multitude de couleurs des fruits et légumes de saison. On palpe les produits gorgés de soleil et on découvre les différentes textures. Notre odorat exploite toutes ses facultés pour distinguer et enregistrer les multiples parfums. Enfin, le commerçant, qui pour l'occasion se fait marchand de rêves, nous fait entrer dans une intimité estivale. Les gens nous paraissent plus accessibles. Les conversations amicales se multiplient autour des étals. Et puis l'on s'autorise à goûter les différents fruits qui nous sont offerts. On prend le temps de choisir des produits régionaux, des produits biologiques, des produits extrafrais. On en profite pour changer ses habitudes et pour s'interroger sur ce que l'on mange. Et, même si durant l'été on surveille particulièrement sa ligne, on a l'appétit curieux…

Savoureuse et ultime récompense : se transformer en magicien des goûts et des couleurs et composer avec son imagination, son expérience et sa volonté de faire plaisir à l'autre de délicieuses préparations !

C'est le moment de marier au sein d'un même repas des saveurs d'Espagne, de Grèce ou encore d'Italie avec des préparations plus traditionnelles. C'est l'occasion ou jamais d'oser le dépaysement, de voyager gourmand…

On pourra choisir un buffet d'été, avec un large assortiment de plats que chacun aura la liberté de goûter quand et comme il lui semblera. Il pourra se composer d'une multitude de tapas, de hors-d'œuvre d'ici et d'ailleurs, de généreuses salades ou de brochettes. On pourra également s'asseoir autour d'une table et partager un repas traditionnel, aux saveurs souvent méditerranéennes, entre voisins ou amis. Enfin, on pourra terminer avec un dessert, une boisson glacée ou un gâteau aux saveurs de fruits d'été.

Une table accueillante nécessite une jolie vaisselle : choisissez un ensemble d'assiettes, de couverts, de plats et de verres aux couleurs estivales.

Profitez de l'été pour décorer de mille manières la table, en exploitant tout ce que peut offrir la nature : pétales de roses, petits branchages, bouquets de fleurs cueillies dans les prés…

LES PRODUITS DE PLEINE SAISON

• Légumes : artichaut, aubergine, bette, betterave, carotte, céleri en branches, chou, chou-fleur, courgette, haricot vert, petit pois.

• Fruits : abricot, cassis, figue, framboise, groseille, melon, pêche, poire, prune, raisin, tomate.

• Viande/volaille : caille, lapin, pigeon, veau.

• Poisson : bar (loup), crabe, dorade, hareng, homard, raie, sardine, sole, thon, truite.

En dehors de ces produits d'été, on peut bien entendu trouver une quantité importante d'autres légumes, fruits, viandes, volailles ou poissons disponibles mais dont la provenance sera étrangère, d'élevage, de serre ou encore vendus surgelés.

QUELQUES CONSEILS DE CONSERVATION ET DE PRÉPARATION

• **Ail :** l'ail cru est plus fort que l'ail cuit car, à la cuisson, l'amidon qu'il comporte se transforme en sucre, ce qui adoucit sa saveur. Il est indispensable à la préparation de la tapenade, du pistou et de l'aïoli.

• **Ananas :** choisir des ananas lourds dont le parfum est facilement perceptible. La base du fruit doit s'enfoncer légèrement sous la pression du pouce.

• **Aubergine :** ronde ou allongée, elle doit avoir la peau lisse et luisante, bien tendue, sans meurtrissures et l'extrémité verte, bien fraîche. Selon les préparations, on peut l'éplucher totalement ou partiellement. Pour réduire l'amertume des aubergines, on peut les blanchir ou bien les peler et les faire dégorger (recouvertes de sel pendant 30 minutes puis rincées à l'eau froide et épongées avec du papier absorbant), ce qui leur permettra d'absorber aussi moins d'huile au moment de la cuisson.

• **Avocat :** un avocat bien mûr doit être légèrement souple sous la pression du doigt. Pour faire mûrir un avocat plus rapidement, il suffit de l'envelopper d'un papier journal et de le laisser à température ambiante. Pour éviter que la chair de l'avocat ne noircisse quand elle est coupée, il faut l'arroser aussitôt de jus de citron. Mieux vaut, dans tous les cas, le préparer au dernier moment.

• **Carotte :** il n'est pas nécessaire d'éplucher les carottes tendres et jeunes du printemps, il suffit de les gratter légèrement avec la pointe d'un couteau car leur peau est très fine.

• **Citron :** pour obtenir d'un citron le maximum de jus, il suffit de le rouler avec le plat de la main afin de le ramollir et de rompre sa pulpe.

• **Concombre :** pour permettre au concombre d'être plus digeste et de rendre moins d'eau lorsqu'il est consommé en salade, il suffit de le faire dégorger. Pour cela, couper la chair en tronçons après avoir ôté les graines et la saupoudrer de gros sel (à raison de 2 cuillerées à soupe de sel par concombre). Le laisser rendre ainsi son eau pendant 30 minutes puis le rincer à l'eau froide et l'égoutter (ou le presser dans un linge propre) avant de le consommer.

• **Courgette :** mieux vaut éplucher la courgette partiellement, c'est-à-dire une lanière sur deux. Cela lui permet de ne pas se transformer en purée pendant la cuisson.

• **Échalote :** ce proche parent de l'oignon possède une saveur moins prononcée et plus délicate que celui-ci. Elle se mange crue, émincée, hachée ou cuite dans l'huile, qu'elle parfume.

• **Figue :** les figues mûres doivent être consommées dans les 2 jours au maximum et conservées dans du papier ménager au frais. En général, mieux vaut les peler (à moins que la peau ne soit très fine). Fraîches, elles se dégustent crues ou cuites avec un filet de miel, par exemple.

• **Fraise :** ne pas enlever les queues des fraises avant de les laver. Les disposer dans une passoire et les passer sous l'eau fraîche. Les sécher sur du papier absorbant puis tordre légèrement la queue pour ôter en même temps la queue et le cœur blanc.

• **Framboise :** sa saveur est plus fine que celle de la fraise, et la framboise est aussi plus fragile. Elle ne poursuit pas sa maturation une fois cueillie, c'est pourquoi il est important de les acheter bien mûres et de les consommer rapidement. Il faut les passer délicatement sous l'eau juste au moment de les consommer.

• **Lardons :** les lardons se cuisent la plupart du temps soit en les plongeant dans l'eau, ce qui les rend plus digestes, soit en les faisant griller dans une poêle antiadhésive sans ajout de matière grasse. Dans ce dernier cas, on peut les déglacer avec du vinaigre balsamique en fin de cuisson.

• **Melon :** pour choisir un bon melon, il faut prendre l'un des plus lourds. Il doit également avoir la peau épaisse, souple et sans meurtrissure. Le melon femelle est le plus recherché car sa chair est plus savoureuse. Pour le reconnaître, la queue du melon porte un large cercle pigmenté. Pour le conserver, mieux vaut l'emballer dans un sac en plastique au frais car son parfum imprègne les aliments avec lesquels il est en contact.

• **Œuf :** un œuf poché est cuit en 4 minutes dans l'eau bouillante vinaigrée. Un œuf dur nécessite 10 minutes de cuisson. Pour éviter qu'un œuf tout juste sorti du réfrigérateur n'éclate, il suffit de le plonger directement dans l'eau froide salée. Pour éviter qu'un œuf en partie fêlé ne se vide pendant la cuisson, verser aussitôt un filet de vinaigre.

• **Oignons :** deux solutions pour éviter de pleurer en épluchant des oignons. 1/ Couper les racines et la tige de l'oignon puis le couper en deux. Faire couler un mince filet d'eau froide dessus et enlever délicatement les premières pelures avec le plat d'un couteau. 2/ Plus simple mais moins esthétique : porter une paire de lunettes de piscine au moment de l'épluchage. Efficacité garantie !

• **Pastèque :** en tapant sur son écorce, la pastèque doit produire un son creux. Les graines de la pastèque sont également comestibles. Elles se mangent séchées, puis grillées et salées.

• **Pêche :** la pêche est un fruit fragile, il est donc conseillé de l'acheter par petites quantités. Elle se conserve 4 jours au maximum à température ambiante. On peut l'arroser d'un filet de jus de citron car elle a tendance à noircir au contact de l'air.

• **Poivron :** pour éviter d'avoir à les passer au four pour les peler, il suffit de les tourner au-dessus de la flamme d'une cuisinière ou d'un barbecue jusqu'à ce que la peau noircisse.

• **Salade verte :** pour « récupérer » une salade flétrie, ôter les premières feuilles et détacher toutes les autres. Les plonger quelques minutes dans l'eau chaude puis les rafraîchir dans l'eau froide. La salade retrouvera sa fermeté et son croquant.

Pour conserver une salade verte, il suffit de la laver soigneusement à l'eau (légèrement vinaigrée), de l'essorer vivement et de la conserver dans le haut du réfrigérateur, enfermée dans un sac en plastique.

• **Tapas :** mot espagnol qui désigne de petites entrées que l'on trouve dans la plupart des bars en Espagne pour accompagner l'apéritif. Elles deviennent parfois un véritable repas à condition que chacun puisse se servir dans le plat avec les doigts ou avec un pic apéritif.

• **Tofu :** pâté de soja très utilisé dans la cuisine asiatique et par les végétariens car il peut remplacer la viande au niveau nutritif. Son goût est peu prononcé mais il a la faculté d'absorber les parfums des ingrédients auxquels on le marie.

• **Tomate :** pour peler des tomates, il suffit de les piquer une fois à la fourchette et de les plonger quelques secondes dans l'eau bouillante puis de les rafraîchir à l'eau glacée. On peut aussi les passer 10 secondes dans un micro-ondes. La peau et les graines sont parfois indigestes et elles ne fondent pas à la cuisson, d'où l'intérêt de les retirer.

Gaspacho andalou

2 concombres / 3 oignons rouges / 1 botte de persil / 6 tomates / 3 gousses d'ail / 2 poivrons rouges / 50 cl de jus de tomate / 15 cl d'huile d'olive / 12 cl de vinaigre de vin / Tabasco / Sel, poivre.

Prép. : 30 min – Repos : 6 h 6 pers.

Peler les concombres, les couper en deux dans la longueur, les épépiner puis les couper en dés. Peler les oignons, rincer le persil puis hacher finement l'ensemble.

Plonger les tomates dans l'eau bouillante, les peler, les épépiner puis détailler la chair en dés. Hacher la moitié de l'ail. Couper les poivrons en deux, ôter les graines et les membranes blanches puis les couper en morceaux. Passer les trois quarts de ces légumes au mixeur.

Ajouter le jus de tomate, l'huile d'olive, le vinaigre et quelques gouttes de Tabasco. Saler et poivrer. Mixer l'ensemble de la préparation.

Rectifier l'assaisonnement si nécessaire puis réserver au frais 6 heures avant de servir.

Présenter le gaspacho dans de longs verres transparents, accompagné des légumes crus restants coupés en dés.

On peut également accompagner cette soupe froide de croûtons coupés dans du pain de campagne, légèrement grillés et frottés à l'ail.

Gaspacho de concombre

3 concombres / 25 cl de crème fraîche liquide / 1/2 bouquet de coriandre / 1 cuil. à soupe de vinaigre de vin / Tabasco / 2 tomates / 6 radis / 1 courgette / 2 cuil. à soupe de jus de citron / 8 à 10 glaçons / Huile d'olive / Sel, poivre noir du moulin.

Prép. : 20 min – Réfrigération : 1 h 4 à 6 pers.

Peler les concombres. Les couper dans le sens de la longueur. Ôter les graines. Couper la chair de 1/2 concombre en petits dés réguliers et mixer le reste des concombres.

Ajouter la moitié de la crème, la moitié de la coriandre, le vinaigre, du sel, du poivre et du Tabasco. Allonger la préparation avec de l'eau très froide. Rectifier l'assaisonnement. Réserver au frais.

Pendant ce temps, laver les tomates et les radis. Épépiner les tomates puis les détailler en cubes. Râper les radis. Peler la courgette puis la couper en petits dés également. L'arroser du jus de citron.

Piler les glaçons au mortier.

Servir le gaspacho dans des coupes transparentes (type coupes à glace) avec les brisures de glace. Verser un filet d'huile d'olive puis de crème fraîche. Hacher la coriandre restante et en garnir les coupes. Donner un tour de moulin à poivre.

Dans un petit saladier, mélanger les dés de concombre, de tomate, de courgette et le hachis de radis. Les répartir dans de petits ramequins et les servir en garniture du gaspacho.

Coleslaw

400 g de carottes / 400 g de chou blanc / 1 petit oignon blanc / 2 cuil. à soupe de moutarde forte / 1 cuil. à soupe de sucre en poudre / 1 cuil. à café de vinaigre de vin / 15 cl d'huile végétale / Sel, poivre.

Prép. : 20 min – Repos : 30 min — 6 pers.

Éplucher les carottes. Rincer le chou puis détailler l'ensemble en julienne. Éplucher puis hacher l'oignon. Mélanger le tout dans un saladier.

Battre la moutarde, le sucre et le vinaigre dans un bol. Saler et poivrer. Incorporer peu à peu l'huile en filet tout en fouettant jusqu'à l'obtention d'une sauce onctueuse, comme une mayonnaise. La verser progressivement dans le saladier.

Bien mélanger puis couvrir d'un film alimentaire et réserver au frais 30 minutes au moins avant de la servir.

Présenter le coleslaw dans des ramequins, en entrée ou en accompagnement d'une viande froide ou grillée.

Râpé de betteraves

500 g de betteraves cuites / 6 oignons blancs frais / 1 gros bouquet de persil / Le jus de 2 citrons / Huile d'olive / Sel, poivre.

Prép. : 15 min – Repos : 6 h — 4 pers.

Éplucher les betteraves puis les râper (grosse grille). Peler les oignons et les hacher finement. Rincer le persil, l'effeuiller puis le ciseler. Disposer l'ensemble de ces ingrédients dans un saladier. Saler et poivrer généreusement. Verser le jus des citrons et mélanger. Bien tasser le tout puis verser l'huile d'olive dessus (sur 3 à 4 mm au-dessus).

Réserver au frais pendant 6 heures avant de servir. Réajuster l'assaisonnement avec du jus de citron si nécessaire.

Salade de calmars au citron et au miel

3 bulbes de fenouil / 2 citrons jaunes non traités / 1 cuil. à soupe de miel / 1 kg de calmars / 4 cuil. à soupe d'huile d'olive / Deux pincées de piment de Cayenne / 3 poignées de mâche / 2 petits pamplemousses / 1/2 cuil. à café de grains de coriandre / 1 cuil. à soupe de vinaigre balsamique / 6 olives noires de Nice / Fleur de sel / Poivre noir du moulin.

Prép. : 25 min – Cuiss. : 30 min — 4 pers.

Laver les bulbes de fenouil, ôter les plus grosses côtes. Les couper en quatre puis les détailler en fines lamelles.

Rincer les citrons puis les couper en rondelles. Les cuire arrosés de miel 15 minutes au four à 180 °C (th. 6).

Cuire les calmars dans une poêle antiadhésive. Dès qu'ils ont rendu toute leur eau, ajouter 1 cuillerée à soupe d'huile d'olive et le piment. Cuire à feu doux 10 minutes supplémentaires.

Pendant ce temps, rincer la mâche puis l'égoutter. Peler 1 pamplemousse à vif puis le couper en dés. Presser l'équivalent de 1 cuillerée à soupe du jus de l'autre pamplemousse. Piler les grains de coriandre au mortier.

Dans un bol, mélanger le reste d'huile d'olive, le vinaigre balsamique et le jus de pamplemousse. Ajouter la coriandre réduite en poudre, du poivre noir et de la fleur de sel.

Disposer la mâche sur un plat de service. Ajouter le fenouil émincé, les calmars, les dés de pamplemousse et les rondelles de citron au miel entières. Verser l'assaisonnement dessus et mélanger délicatement. Décorer d'olives noires et servir.

Salade grecque

4 cœurs de sucrine (ou une batavia) / 1 concombre / 1 poivron rouge / 3 oignons rouges / 8 tomates cerise / 200 g de feta / 1 petite botte de coriandre / 6 brins de ciboulette / 1 citron / 10 olives noires à la grecque / 1 citron non traité / 4 ou 5 cuil. à soupe d'huile d'olive / Deux pincées de piment en poudre / Sel, poivre noir du moulin.

4 pers. Prép. : 15 min – Repos : 20 min

Laver les feuilles de sucrine et les essorer. Couper chaque feuille en deux. Éplucher le concombre, le couper en deux dans le sens de la longueur et l'épépiner. Détailler la pulpe en petits cubes puis disposer l'ensemble dans un saladier. Saler généreusement puis laisser dégorger environ 20 minutes. Le rincer ensuite brièvement avant de l'égoutter à nouveau.

Détailler le poivron en brunoise après l'avoir rincé. Peler les oignons puis les couper en fines lamelles. Laver les tomates cerise puis les couper en deux. Égoutter la feta et la couper en cubes réguliers. Rincer la coriandre et la ciboulette puis les hacher finement.

Dans un saladier, disposer successivement la salade, le concombre, le poivron et les tomates cerise. Ajouter ensuite les dés de feta, les lamelles d'oignon et les olives. Parsemer d'herbes fraîches.

Râper le zeste de 1/2 citron préalablement lavé et prélever le jus du citron entier. Dans un bol, rassembler le zeste et le jus du citron. Ajouter l'huile d'olive en filets, le piment et du sel. Verser l'ensemble sur la salade. Donner quelques tours de moulin à poivre et servir.

On peut ajouter quelques pignons de pin que l'on aura fait griller à sec quelques instants.

Salade de haddock à la crème d'avocat

400 g de filets de haddock / Le jus de 2 citrons / 3 cœurs de sucrine / 1 branche de céleri / 2 échalotes / 2 avocats bien mûrs / 8 brins de coriandre / 120 g de fromage blanc / Une pincée de piment de Cayenne / 3 cuil. à soupe d'huile d'olive / 1,5 cuil. à soupe de vinaigre de vin / 1 cuil. à café de moutarde / 4 brins d'aneth / Sel, poivre du moulin.

Prép. : 25 min 4 pers.

Rincer le haddock puis l'essuyer sur une feuille de papier ménager. Le détailler en tranches fines à l'aide d'un couteau à lame souple. Verser le jus de 1 citron dessus puis réserver l'ensemble au frais.

Laver les cœurs de sucrine puis les essorer. Passer la branche de céleri sous un filet d'eau froide, l'égoutter, (ôter les feuilles) puis la couper en fins tronçons.

Préparer la crème d'avocat en hachant 2 échalotes pelées avec la chair des avocats. Ajouter dans le mixeur la coriandre préalablement rincée, le fromage blanc et le jus de citron restant. Assaisonner avec du sel et du piment de Cayenne.

Préparer la vinaigrette en mélangeant l'huile d'olive, le vinaigre et la moutarde. Saler et poivrer.

Former des petits monticules de crème d'avocat au centre de 4 assiettes à dessert. Mettre les feuilles de sucrine tout autour. Disposer les tranches de haddock en rosace et parsemer de tronçons de céleri.

Verser alors l'assaisonnement dessus et décorer d'aneth ciselé. Donner un tour de moulin à poivre et servir très frais.

Salade niçoise

2 œufs / 800 g de tomates (en grappe) / 1 petit concombre / 4 fonds d'artichaut en conserve / 4 oignons blancs frais / 1 gousse d'ail / 1/2 botte de basilic / 1 poivron rouge / Filets d'anchois à l'huile en conserve / 120 g d'olives noires / Huile d'olive / Le jus de 2 citrons / Sel, poivre.

Prép. : 25 min – Repos : 15 min — 4 à 6 pers.
Cuiss. : 15 min

Plonger les œufs dans l'eau bouillante et les cuire 10 minutes. Les passer sous l'eau froide puis les écaler. Les détailler en quartiers dès qu'ils sont refroidis.

Rincer les tomates puis les couper en quartiers fins. Peler le concombre, le couper en deux dans la longueur, l'épépiner puis le couper en fins tronçons. Le couvrir de sel et le laisser dégorger 15 minutes.

Plonger les cœurs d'artichaut 5 minutes dans l'eau bouillante, les égoutter puis les couper en dés.

Peler les oignons et l'ail puis les hacher. Rincer le basilic et le ciseler. Rincer le poivron puis le découper en fines lanières (ôter les pépins et les membranes blanches). Égoutter les anchois.

Rassembler tous les ingrédients dans un saladier ainsi que les olives noires. Assaisonner avec de l'huile d'olive et du jus de citron. Saler et poivrer. Réserver au frais jusqu'au moment de servir.

Mâche aux oranges

5 oranges sans pépin / Deux pincées de cannelle / Deux pincées de piment de Cayenne / 2 oignons rouges / 1 sachet de mâche / 10 brins de ciboulette / 150 g d'olives noires / 1 cuil. à café de moutarde forte / 3 cuil. à soupe d'huile d'olive / 1,5 cuil. à soupe de vinaigre balsamique / Sel, poivre.

Prép. : 15 min — 4 pers.

Peler les oranges à vif. Couper la chair en dés réguliers (garder le jus). Les saupoudrer de cannelle et de piment. Peler les oignons et les émincer.

Déposer la mâche puis les dés d'orange avec leur jus dans un saladier. Saupoudrer de ciboulette ciselée. Parsemer d'oignons et d'olives noires.

Dans un bol, mélanger la moutarde avec l'huile et le vinaigre. Saler et poivrer.

Verser l'assaisonnement sur la salade et servir.

Taboulé libanais

4 tomates / 2 oignons rouges / 250 g de boulgour / Le jus de 3 citrons / 4 cuil. à soupe d'huile d'olive / 3 bouquets de persil plat / 1 bouquet de menthe fraîche / Sel, poivre.

Prép. : 20 min – Repos : 2 h au min — 6 pers.

Laver les tomates. Couper la chair en petits cubes. Peler les oignons puis les hacher.

Verser le boulgour dans un saladier. L'arroser du jus des citrons, de 20 cl d'eau bouillante et d'huile. Bien mélanger. Ajouter les dés de tomate, le hachis d'oignon et les herbes ciselées. Mélanger.

Couvrir et laisser reposer 2 heures au moins au frais. Mélanger à 2 ou 3 reprises. Assaisonner juste avant de servir.

Taboulé traditionnel

4 tomates / 1 petit concombre / 2 gros oignons blancs frais / 1 cuil. à soupe de raisins blonds secs / 1 poignée de pois chiches en conserve (facultatif) / 300 g de semoule (grain moyen) / Le jus de 3 citrons / 3 cuil. à soupe d'huile d'olive / 1/2 bouquet de persil frais / 1/2 bouquet de menthe fraîche / Sel, poivre.

Prép. : 20 min – Repos : 2 h au min — 6 pers.
Trempage : 15 min

Laver les tomates puis les plonger quelques secondes dans l'eau bouillante pour les peler. Les couper en deux puis les épépiner. Détailler la chair en petits cubes réguliers.

Éplucher le concombre, ôter le centre puis le couper en petits dés.

Peler les oignons puis les hacher finement. Tremper les raisins 15 minutes dans l'eau tiède pour les réhydrater puis les égoutter. Rincer les pois chiches.

Verser la semoule dans un grand saladier et l'arroser du jus de citron et de l'huile d'olive. Bien mélanger (égrainer à la main si nécessaire).

Rincer le persil et la menthe puis les hacher. Les ajouter à la préparation avec les raisins et les pois chiches. Saler et poivrer.

Mélanger à nouveau puis couvrir d'un film alimentaire ou d'une assiette et laisser reposer au moins 2 heures au frais.

Tomates mozzarella

200 g de mesclun / 4 belles tomates en grappe / 2 boules de mozzarella (200 à 300 g) / 1 botte de basilic frais / 4 cuil. à soupe d'huile d'olive / 2 cuil. à soupe de vinaigre balsamique / 1 cuil. à soupe de câpres au vinaigre / 4 tranches fines de jambon cru / Piments confits à l'huile / 10 olives noires / 100 g de pignons de pin / Fleur de sel / Poivre noir moulu.

Prép. : 20 min – Cuiss. : 1 min 4 pers.

Laver la salade puis l'essorer.

Plonger les tomates quelques secondes dans l'eau bouillante puis les peler. Les couper en deux puis en rondelles fines.

Égoutter la mozzarella, la détailler en lamelles. Rincer le basilic puis le ciseler (garder quelques feuilles entières pour la décoration).

Dans un bol, mélanger l'huile d'olive et le vinaigre avec le basilic ciselé, les câpres égouttées, de la fleur de sel et du poivre.

Présenter les tomates sur un lit de salade avec les tranches de mozzarella. Verser l'assaisonnement dessus et disposer ensuite les tranches de jambon cru enroulées et maintenues par un pic apéritif en bois.

Décorer de piments confits, d'olives noires, de pignons de pin et de feuilles de basilic. Servir très frais.

Carpaccio de bœuf au thym et aux olives

500 g de filet de bœuf / 2 petits oignons blancs frais / 1 botte de ciboule / 8 cuil. à soupe d'huile d'olive / Le jus de 2 citrons / 2 cuil. à café de thym frais / 150 g d'olives noires dénoyautées / 2 citrons entiers / Sel fin / Gros sel / Poivre noir du moulin.

Prép. : 15 min – Repos : 1 h 4 pers.
Congélation : 30 min

Envelopper la viande d'un film alimentaire et la placer au congélateur 30 minutes afin d'en faciliter la découpe.

Éplucher les oignons et les ciboules puis les hacher.

Dans un bol, mélanger l'huile d'olive avec le jus de citron et la moitié du thym.

Hacher les olives noires finement.

Sortir la viande du congélateur et la détailler en très fines tranches. Les disposer dans des assiettes plates en évitant au maximum qu'elles se chevauchent. Verser l'huile d'olive aromatisée dessus. Saler (avec du sel fin) et poivrer légèrement. Recouvrir les assiettes d'un film transparent et les laisser reposer au frais 1 heure. Remuer les assiettes au bout de 30 minutes de façon que toute la viande s'imprègne bien de la marinade.

Pendant ce temps, préparer 4 ramequins dans lesquels on proposera en garniture, successivement, le hachis d'oignon et de ciboule, les citrons coupés en quartiers, du gros sel et les olives noires hachées.

Servir avec des pommes de terre à la vapeur et du persil frais ou avec une salade verte assaisonnée au vinaigre de framboise.

Carpaccio de thon et mousse au basilic

1 filet de thon de 600 g / 1/2 bouquet de persil / 1 verre d'huile d'olive / 2 cuil. à soupe d'huile de noisette / Le jus de 3 citrons verts / Fleur de sel.
Pour la mousse : *4 tomates / 20 cl de crème fraîche liquide / 150 g de fromage blanc / 2 cuil. à soupe de jus de citron / 1 bouquet de basilic / 2 gousses d'ail hachées / Sel, poivre.*

Prép. : 20 min – Repos : 1 h 4 pers.
Congélation : 1 h

Envelopper le filet de thon dans un film alimentaire et le mettre au congélateur 1 heure afin d'en faciliter la découpe. Détailler ensuite le poisson en fines lamelles après avoir ôté le film protecteur.

Disposer les tranches de thon dans un plat assez large pour éviter qu'elles ne se chevauchent. Hacher le persil finement, en saupoudrer le thon puis verser les huiles d'olive et de noisette et le jus des citrons verts dessus. Couvrir d'un film plastique et laisser mariner au frais pendant 30 minutes.

Laver les tomates, les éplucher (les plonger quelques secondes dans l'eau bouillante), les épépiner puis les couper en petits dés. Réserver.

Verser la crème fraîche et le fromage blanc bien froids dans un bol. Les fouetter au batteur électrique puis verser progressivement le jus de citron. Lorsque la préparation est bien mousseuse, incorporer le basilic finement ciselé, les gousses d'ail hachées, du sel et du poivre. Réserver cette mousse 30 minutes au réfrigérateur avant de la servir.

Présenter le carpaccio avec un ramequin de fleur de sel, un autre de dés de tomate et un bol de mousse au basilic.

Guacamole

2 échalotes / 1/2 bouquet de persil / 3 brins de coriandre / 1 tomate / 3 avocats bien mûrs / Le jus de 1 citron vert / Trois pincées de piment doux en poudre / Une pincée de cumin en poudre / Une pincée de gingembre en poudre / Sel, poivre.

Prép. : 10 min – Repos : 1 h 4 pers.

Éplucher les échalotes puis les hacher. Rincer le persil et la coriandre séparément, les essuyer entre 2 feuilles de papier ménager puis les ciseler finement.

Laver la tomate puis la plonger quelques secondes dans l'eau bouillante. La peler, l'épépiner puis la détailler en petits dés.

Ouvrir les avocats en deux, ôter les noyaux avec la pointe d'un couteau. Réduire la chair en purée avec une fourchette. Verser aussitôt le jus de citron dessus.

Dans un bol, réunir l'ensemble des ingrédients : le hachis d'échalotes et de persil, les dés de tomate et la purée d'avocats. Saupoudrer de piment, de cumin et de gingembre. Ajouter la coriandre hachée. Saler et poivrer.

Bien mélanger le tout puis recouvrir le bol d'un film alimentaire. Garder au réfrigérateur 1 heure.

Servir cette sauce d'origine mexicaine bien fraîche avec des chips de maïs en guise d'apéritif ou accompagnée de tranches de melon, en entrée.

Pâté de thon en terrine

2 boîtes de 250 g de thon au naturel en conserve / 4 cuil. à soupe de crème fraîche épaisse / 5 échalotes / 2 cuil. à soupe de ciboulette ciselée / 2 tiges de céleri / Le jus de 1 citron / 8 gouttes de Tabasco / Une pincée de paprika / 1 citron jaune entier non traité / Sel, poivre.

Prép. : 15 min 4 pers.

Égoutter le thon puis l'écraser à l'aide d'une fourchette. Ajouter progressivement la crème fraîche. Éplucher puis émincer les échalotes.

Rincer la ciboulette puis la ciseler finement. Passer les tiges de céleri sous l'eau fraîche, les essuyer avec une feuille de papier ménager puis les tailler en julienne très fine.

Ajouter l'ensemble de ces ingrédients au thon et bien mélanger. Verser le jus de citron et le Tabasco dessus. Saupoudrer de paprika. Saler et poivrer puis mélanger à nouveau.

Quand la préparation est suffisamment homogène, la disposer dans un plat à terrine. La conserver au frais jusqu'au moment de servir.

Décorer de quartiers de citron.

Servir cette terrine de thon avec des pommes de terre coupées en deux, saupoudrées de cumin et cuites au four avec un filet d'huile d'olive.

Pitas au thon

250 g de thon au naturel / 2 tomates / 1 branche de céleri / 2 oignons rouges / 200 g de fromage blanc / 10 brins de ciboulette / 2 cuil. à soupe de câpres / 2 pitas / 6 feuilles de salade (type batavia) / 1 cuil. à café d'huile d'olive / Sel, poivre.

Prép. : 20 min — 2 pers.

Égoutter le thon puis l'émietter. Couper les tomates en tranches fines. Rincer la branche de céleri puis la détailler en fins tronçons. Peler les oignons puis les couper en lamelles.

Mélanger le fromage blanc avec les oignons, la ciboulette ciselée et les câpres égouttées. Saler et poivrer.

Réchauffer les pitas quelques minutes au four, à 180 °C (th. 6) avec les avoir mouillées avec l'huile d'olive. Les ouvrir à moitié puis y disposer les feuilles de salade, le thon émietté et les tranches de tomate. Recouvrir l'ensemble de la sauce au fromage blanc.

Déguster aussitôt.

Tapas d'artichaut

8 cœurs d'artichaut au naturel / Le jus de 2 citrons / 3 cuil. à soupe d'huile d'olive / Mélange de coriandre, persil et ciboulette ciselés / Gomasio (sel de sésame).

Prép. : 15 min – Cuiss. : 5 min — 4 pers.

Plonger les cœurs d'artichaut dans l'eau bouillante salée 5 minutes. Les égoutter et les arroser du jus de 1 citron.

Dans un bol, mélanger l'huile, le jus de citron restant et le mëlange de fines herbes ciselées. Découper chaque cœur d'artichaut en 8 morceaux et les enrober d'assaisonnement.

Les saupoudrer de gomasio et y planter des pics apéritif en bois avant de servir.

Rillettes de saumon frais

400 g de saumon frais / 1 carotte / 1 oignon / 3 branches de persil / 1 cuil. à café de thym / 1 feuille de laurier / 150 g de saumon fumé / 1 œuf / 180 g de beurre / 1 cuil. à soupe d'huile d'olive / Sel, poivre.

Prép. : 25 min – Cuiss. : 30 min 8 pers.
Repos : 24 h

Couper le morceau de saumon en deux. Mettre à chauffer 2 l d'eau dans une grande casserole. Quand l'eau est à ébullition, ajouter la carotte et l'oignon épluchés et émincés. Ajouter le persil effeuillé, le thym et le laurier. Saler et poivrer puis laisser cuire à petits bouillons 15 minutes.

Baisser le feu puis plonger le saumon frais dans ce court-bouillon. Cuire 15 minutes puis le laisser refroidir dans l'eau.

Pendant ce temps, détailler le saumon fumé en petites lanières puis en petits dés (vérifier qu'il ne reste pas d'arête). Réserver.

Égoutter le saumon frais lorsqu'il a complètement refroidi puis ôter la peau et les arêtes. Déposer la chair dans un saladier puis l'émietter.

Ajouter les dés de saumon fumé, l'œuf, le beurre écrasé et l'huile. Mélanger délicatement l'ensemble. Rectifier l'assaisonnement si nécessaire. Disposer la préparation dans un plat à terrine. Laisser reposer 24 heures au frais avant de la consommer.

Servir avec des tranches de pain légèrement grillées et un filet de jus de citron.

Terrine de poivrons à la tapenade

5 poivrons rouges / 2 fromages de chèvre frais / 3 cuil. à soupe de crème fraîche liquide / 2 boîtes de 125 g d'olives noires dénoyautées / 3 cuil. à soupe de câpres égouttées / 14 filets d'anchois à l'huile / 5 gousses d'ail émincées / 2 cuil. à soupe d'huile d'olive / Sel, poivre.

Prép. : 25 min – Cuiss. : 20 min — 4 à 6 pers.
Réfrigération : 12 h

Préparer à l'avance les poivrons : les rincer puis les mettre au four, à 180 °C (th. 6), jusqu'à ce que leur peau noircisse. À la sortie du four, les mettre dans un sac en plastique fermé pendant quelques minutes puis les peler. Les détailler en larges lamelles puis les égoutter un long moment.

Dans un saladier, écraser le fromage frais à la fourchette puis le mélanger avec la crème fraîche, du sel et du poivre.

Préparer la tapenade : dans un mixeur, hacher les olives noires, les câpres et les filets d'anchois. Ajouter l'ail émincé ainsi que l'huile d'olive.

Chemiser un moule à cake avec du film alimentaire. Mettre successivement une couche de poivrons, une couche de fromage, une couche de tapenade jusqu'à épuisement des ingrédients. Recouvrir de film alimentaire et laisser reposer au frais 12 heures, couvert d'un objet lourd pour permettre à la terrine de prendre la forme du moule.

Vider le jus des poivrons qui pourrait remonter à la surface. Retourner la terrine sur un plat de service avant de la présenter.

Servir très frais avec une salade verte (type batavia) assaisonnée au vinaigre de fruits (vinaigre de framboise, par exemple).

Croustillants de fromage aux courgettes

8 petites courgettes nouvelles / 8 radis / 250 g de mesclun (mélange de salades) / 5 olives noires dénoyautées / 5 olives vertes dénoyautées / 10 brins de ciboulette / 4 cuil. à soupe de crème fraîche / 1 cuil. à café de moutarde / 1 cuil. à soupe d'huile d'olive / 1 cuil. à soupe de jus de citron / 300 g de fromage (type morbier) / 4 tranches de pain de mie / 6 feuilles de menthe / Fleur de sel / Poivre du moulin.

Prép. : 25 min – Cuiss. : 5 min — 4 pers.

Laver les courgettes, couper les extrémités puis éplucher une lanière sur deux. Les râper à l'aide de la grosse grille.

Laver puis équeuter les radis. Les couper ensuite en rondelles minces. Laver la salade puis bien l'essorer. Couper les olives en quatre. Rincer la ciboulette, la sécher puis la ciseler.

Dans un bol, fouetter la crème fraîche avec la moutarde, l'huile d'olive et le jus de citron. Saler et poivrer légèrement.

Déposer le fromage découpé en tranches sur le pain de mie puis les passer 5 minutes au gril. Les saupoudrer de ciboulette à la sortie du four.

Dans chaque assiette de service, disposer un lit de mesclun puis un mélange de courgettes et de radis. Ajouter ensuite les croustillants de fromage fondu.

Parsemer d'olives et parfumer avec les feuilles de menthe coupées finement. Donner un tour de moulin à poivre et servir.

Dés d'omelette au poivre de Sichuan

200 g de filet mignon de porc / 1 gousse d'ail / 5 champignons de Paris / 4 cuil. à soupe d'huile d'olive / 1 cuil. à soupe de gingembre râpé / 2 cuil. à soupe de sucre roux / 1 cuil. à café de graines de coriandre / 5 œufs / Sel / 1/2 cuil. à café de poivre de Sichuan moulu.

Prép. : 20 min – Cuiss. : 13 min 4 pers.

Détailler le porc en lamelles puis le hacher. Peler l'ail, ôter le germe puis l'émincer. Éplucher les champignons, (couper les pieds) puis les couper en fines lamelles.

Faire revenir l'ensemble de ces ingrédients dans 2 cuillerées à soupe d'huile d'olive pendant 5 minutes. Saupoudrer de gingembre râpé, de sucre roux, de sel et des graines de coriandre concassées. Laisser refroidir quelques instants.

Pendant ce temps, battre les œufs en omelette et les assaisonner avec le poivre de Sichuan. Les verser sur la préparation précédente. Faire chauffer l'huile d'olive restante dans une poêle antiadhésive et verser le tout.

Cuire 8 minutes (l'omelette ne doit pas être baveuse) en la retournant à mi-cuisson à l'aide d'une assiette.

La laisser refroidir puis la détailler en cubes dans lesquels on aura planté des pics apéritif en bois.

On peut accompagner ces « tapas » d'une sauce au fromage blanc.

Le poivre de Sichuan, originaire de Chine, est à la fois piquant et d'un parfum boisé. Ce sont des baies rouges vendues en graines ou moulues. C'est l'un des ingrédients des « 5 épices » chinoises.

Figues rôties au jambon cru

8 figues fraîches / 1/2 botte de menthe fraîche / 8 tranches fines de fromage de chèvre doux et frais / 8 tranches très fines de jambon de Parme / Huile d'olive / Fleur de sel / Poivre noir du moulin.

Prép. : 15 min – Cuiss. : 15 min   4 pers.

Rincer les figues puis les essuyer avec une feuille de papier ménage. Les couper en deux dans la hauteur, aux trois quarts du fruit.

Effeuiller la menthe puis la rincer. Saler légèrement les tranches fines de fromage avec de la fleur de sel puis donner 2 tours de moulin à poivre.

Insérer 1 tranche de fromage au centre de chaque figue avec deux tiers des feuilles de menthe. Enrouler 1 tranche de jambon autour de chacune d'elles et la maintenir à l'aide d'un pic apéritif en bois.

Les disposer dans un plat allant au four et verser un filet d'huile d'olive dessus. Enfourner à 180 °C (th. 6) pour 15 minutes et servir bien chaud.

Les figues fraîches doivent être vendues à la fois fermes et légèrement souples, sans trace de meurtrissure.

Patatas bravas

600 g de pommes de terre / 4 cuil. à soupe d'huile d'olive / 1/2 cuil. à café de paprika / 2 gousses d'ail / 1 oignon rouge / 1 grande boîte de tomates concassées / Quatre pincées de cumin en poudre / Quatre pincées de piment en poudre / Tabasco / 4 cuil. à soupe de vin blanc sec / 2 cuil. à soupe de jus de citron / 1 cuil. à soupe de persil ciselé / Sel.

Prép. : 20 min – Cuiss. : 55 min 6 pers.

Éplucher les pommes de terre et les couper en gros dés. Les rincer puis les sécher dans une feuille de papier ménager.

Les mettre dans un grand plat allant au four. Les arroser de 3 cuillerées à soupe d'huile d'olive. Les saupoudrer de paprika et de sel puis les enfourner pour 40 minutes à 210 °C (th. 7), en les retournant de temps en temps. (On pourra utiliser la fonction « gril » en fin de cuisson pour leur permettre de dorer.)

Pendant ce temps, peler l'ail et l'oignon puis les hacher. Les faire revenir dans une casserole avec le restant d'huile d'olive pendant 3 minutes.

Verser ensuite les tomates concassées dessus avec leur jus. Saupoudrer de cumin, de piment et de quelques gouttes de Tabasco. Verser alors le vin et le jus de citron puis laisser réduire une dizaine de minutes.

Sortir les pommes de terre du four, les placer dans 2 petits saladiers et les enrober de sauce tomate épicée. Les saler et les saupoudrer de persil fraîchement ciselé.

Présenter les « patatas bravas » bien chaudes avec des pics apéritif en bois.

Les tapas sont des assortiments de petits plats espagnols présentés à l'heure de l'apéritif pour « aiguiser » l'appétit.

Tapas de gambas au paprika et à l'aïoli

Pour la sauce aïoli : *4 gousses d'ail / 1 jaune d'œuf / Vinaigre / 25 cl d'huile d'olive / Sel.*
1 kg de gambas / 1 gousse d'ail / 30 g de beurre / 1 cuil. à soupe d'huile d'olive / Quatre pincées de piment / 1/2 cuil. à café de paprika / 1 botte de basilic frais / Olives vertes dénoyautées / Sel.

Prép. : 25 min – Cuiss. : 5 min 4 à 6 pers.

Préparer la sauce aïoli : peler les gousses d'ail, les mixer avec le jaune d'œuf, une pincée de sel et un filet de vinaigre. Verser ensuite l'huile d'olive en filet et monter la sauce jusqu'à obtention d'une mayonnaise épaisse. Réserver au frais jusqu'au moment de servir.

Décortiquer les gambas en conservant la queue.

Peler l'ail et le hacher. Dans une poêle antiadhésive, faire chauffer un mélange de beurre et d'huile d'olive avec le hachis d'ail et y faire revenir les gambas 5 minutes. Les saupoudrer de piment, de paprika et de sel.

Rincer les feuilles de basilic puis les essuyer sur une feuille de papier ménager. Sur des pics en bois d'apéritif, planter 1 feuille de basilic, 1 gamba, 1 autre feuille de basilic et 1 olive verte.

Servir avec la sauce aïoli bien froide et quelques tranches de pain de campagne frais.

Tapas de calmars frits

300 g de calmars / 300 g de farine / 2 œufs / 2 cuil. à café de piment fort en poudre / 2 citrons / Sel.

Prép. : 10 min – Cuiss. : 3 min 4 pers.

Couper les calmars en rondelles de 1 cm d'épaisseur puis les rincer. Les égoutter. Verser la farine dans une première assiette creuse et, dans la seconde, les œufs battus en omelette.

Porter de l'huile de friture à ébullition. Saupoudrer les rondelles de calmar de sel et de piment. Passer ensuite les calmars dans la farine puis dans les œufs. Les plonger aussitôt dans l'huile bouillante. Laisser dorer 3 minutes environ. Les égoutter en fin de cuisson sur une feuille de papier absorbant. Servir avec les citrons en quartiers.

Servir avec une sauce tomate légèrement épicée et un filet de jus de citron.

Tapas de poivrons

2 poivrons rouges / 1 poivron jaune / 2 cuil. à soupe d'huile d'olive / 1 cuil. à café d'origan / 1 grosse boîte d'anchois marinés à l'huile ou à l'orientale (légèrement vinaigrés) / 6 gros cornichons aigre-doux / 1 citron / Sel, poivre.

Prép. : 20 min – Cuiss. : 15 min 4 pers.

Couper les poivrons épluchés en lamelles de 1 cm environ. Les faire revenir à la poêle 10 minutes dans l'huile d'olive (ils doivent rester croquants). Les saupoudrer d'origan, d'un soupçon de sel et de poivre.

Égoutter les anchois, les couper en deux dans le sens de la longueur. Égoutter les cornichons et les détailler en lamelles épaisses de 2 mm environ. Sur chaque pic de bois, enfiler 1 lamelle de poivron, 1 anchois et 1 tranche de cornichon aigre-doux.

Verser un filet de jus de citron sur chacun et servir aussitôt.

Brochettes de colin à l'ananas

450 g de colin / 3 citrons / 2 gousses d'ail / 1/2 botte de persil plat / 1 cuil. à café de graines de coriandre / 1 morceau de 3 cm de gingembre frais / 1 petit ananas / 2 cuil. à soupe d'huile d'olive / 1/2 cuil. à café de paprika / 1/2 cuil. à café de piment de Cayenne / 2 oignons blancs frais / Sel, poivre.

Prép. : 20 min – Cuiss. : 15 min 4 pers.
Repos : 1 h

Détailler la chair du poisson en gros cubes. Presser le jus des 3 citrons. Peler l'ail puis le hacher. Rincer le persil puis le ciseler. Piler les graines de coriandre au mortier. Peler le gingembre puis le râper. Éplucher l'ananas, le découper en tranches puis en gros dés.

Dans une assiette creuse, verser l'huile d'olive et le jus des citrons. Y déposer les cubes de colin et d'ananas. Ajouter l'ail et le gingembre hachés et les graines de coriandre pilées. Saupoudrer de paprika et de piment de Cayenne. Bien mélanger l'ensemble. Laisser mariner au frais, recouvert d'un film alimentaire, pendant 1 heure.

Peler les oignons et les couper en quartiers. Enfiler les morceaux de poisson sur des pics à brochettes, en alternant avec les dés d'ananas et les quartiers d'oignons.

Mettre les brochettes à cuire sur un barbecue (ou au four, fonction « gril ») après les avoir poivrées et salées. Les mouiller régulièrement avec de la marinade au cours de la cuisson. Parsemer de persil ciselé et servir aussitôt.

Espadon à l'anchoïade

4 darnes d'espadon / 8 tomates / 2 oignons / 2 cuil. à soupe d'huile d'olive / 1 cuil. à café d'herbes de Provence / Sel, poivre.
Anchoïade : *2 gousses d'ail / 1 verre d'anchois à l'huile / 1 cuil. à café de vinaigre de vin / Huile d'olive / Sel, poivre.*

Prép. : 20 min – Cuiss. : 25 à 30 min — 4 pers.
Repos : 20 min

Passer les darnes d'espadon sous l'eau fraîche puis les égoutter.

Préparer l'anchoïade : faire blanchir l'ail à trois reprises, c'est-à-dire plonger les gousses épluchées dans l'eau bouillante 1 minute, en changeant l'eau à chaque fois.

Mixer les anchois préalablement égouttés avec l'ail (dont on aura retiré les germes), le vinaigre, du sel et du poivre. Ajouter de l'huile d'olive pour rendre le mélange plus onctueux. Réserver.

Enduire le poisson de l'anchoïade sur les 2 faces et laisser reposer 20 minutes au frais.

Plonger les tomates dans l'eau bouillante pendant quelques secondes puis les peler. Les couper en morceaux. Peler les oignons et les émincer. Les faire revenir dans l'huile d'olive. Ajouter les morceaux de tomate et les herbes de Provence. Saler légèrement et poivrer. Laisser mijoter ainsi 15 minutes.

Mettre les darnes à cuire sur la grille d'un barbecue pendant 8 minutes en les retournant à mi-cuisson. Les darnes doivent être à peine cuites au centre.

Servir avec la sauce tomate parfumée aux herbes de Provence.

Flétan aux agrumes

600 g de filets de flétan / 8 brins de persil / 4 brins de basilic / 6 brins de ciboulette / 1 orange bien sucrée / 1 pamplemousse / 1 petit verre de vin blanc / 4 cuil. à café d'huile d'olive / 1 cuil. à soupe de jus d'orange / 1 cuil. à soupe de jus de pamplemousse / Sel, poivre.

Prép. : 25 min – Cuiss. : 20 min 4 pers.

Disposer chaque filet de flétan dans une feuille de papier d'aluminium (assez large pour que l'on puisse refermer).

Effeuiller le persil et le basilic. Les rincer avec la ciboulette et ciseler l'ensemble.

Peler à vif l'orange et le pamplemousse puis les détailler en quartiers.

Dans chaque papillote, disposer les quartiers de fruits. Les arroser de vin blanc, d'huile d'olive puis du jus des fruits. Parsemer l'ensemble de fines herbes ciselées. Saler et poivrer puis fermer les papillotes. Cuire sur le gril d'un barbecue ou au four 20 minutes à 210 °C (th. 7).

Curry de julienne aux petits pois frais

5 oignons nouveaux / 2 cuil. à café d'huile d'olive / 80 g de pâte de curry verte / 1 cuil. à café de piment fort / 30 cl de lait de coco / 4 filets de julienne / 250 g de petits pois frais (ou surgelés) / Sel.

Prép. : 20 min – Cuiss. : 20 min 4 pers.

Émincer les oignons. Les faire revenir dans l'huile d'olive. Dès qu'ils sont translucides, ajouter la pâte de curry et le piment. Verser ensuite le lait de coco et porter à ébullition.

Découper le poisson en larges lamelles et le cuire dans la sauce à feu très doux. Ajouter aussitôt les petits pois et laisser cuire 15 à 20 minutes jusqu'à ce que les petits pois soient tendres.

Servir avec du riz basmati.

Tartare de saumon à l'aneth sur tartare de concombre

1 concombre / 450 g de saumon frais / 1 bouquet d'aneth / 2 échalotes hachées / Huile d'olive / Tabasco / 1 yaourt nature / 10 brins de ciboulette / 3 brins de cerfeuil / Fleur de sel / Poivre blanc moulu.

Prép. : 25 min – Repos : 20 min 2 pers.

Éplucher le concombre, le couper en deux puis l'évider. Le détailler en tronçons très fins à l'aide d'un couteau tranchant. Le couvrir de sel et le laisser dégorger ainsi 20 minutes.

Pendant ce temps, ôter la peau et les arêtes du saumon puis détailler la chair en menus morceaux avec le même couteau que précédemment. Le disposer dans un petit saladier avec l'aneth fraîchement lavé et ciselé et 1 échalote hachée.

Verser un peu d'huile d'olive (environ 1 cuillerée à soupe). Assaisonner avec du sel, du poivre et du Tabasco. Bien mélanger l'ensemble puis le recouvrir d'un film alimentaire et le réserver au frais.

Rincer ensuite les tronçons de concombre brièvement puis les égoutter. Les disposer dans un autre saladier. Y verser le yaourt avec 1 cuillerée à café d'huile d'olive. Assaisonner avec l'échalote hachée restante, la ciboulette ciselée, du Tabasco, du sel et du poivre. Réserver également au frais.

Effeuiller le cerfeuil, le rincer puis en décorer les tartares juste au moment de servir.

À déguster accompagné de tranches de pain de campagne frais.

Canard au thym

5 poires bien mûres / 25 g de beurre salé / 2 cuil. à soupe de thym frais (ou séché) / 3 cuil. à soupe d'huile d'olive / 5 cuil. à soupe de vinaigre balsamique / 3 cuil. à soupe de sauce de soja / 2 magrets de canard / Sel (facultatif) / Poivre noir du moulin.

Prép. : 20 min – Cuiss. : 20 min 4 pers.

Éplucher les poires puis les couper en deux dans la hauteur. Ôter le centre, contenant les pépins, puis les détailler en gros quartiers. Faire fondre le beurre salé puis y faire revenir les morceaux de poire parsemés de thym 20 minutes à feu doux. Les saler légèrement.

Verser l'huile, le vinaigre et la sauce de soja dans un bol. Mettre à griller les magrets de canard sur un barbecue en les arrosant régulièrement de sauce. En fin de cuisson, donner un tour de moulin à poivre.

Servir avec les poires au thym bien chaudes.

Poulet tandoori

500 g de blancs de poulet / 6 cl de yaourt nature / 100 g de pâte tandoori / 1 cuil. à soupe de jus de citron vert.
Raïta : *2 gousses d'ail / 1,5 cuil. à soupe de menthe fraîche ciselée / 1 concombre du Liban / 30 cl de yaourt nature.*

Prép. : 20 min – Cuiss. : 10 min 4 pers.
Repos : 1 h

Couper les blancs de poulet en deux dans la largeur. Mélanger le yaourt avec la pâte tandoori et le jus de citron vert. Enrober les morceaux de poulet de cette sauce et laisser reposer 1 heure au frais.

Préparer la raïta : mélanger dans un petit saladier les gousses d'ail pelées, dégermées et hachées avec la menthe.

Peler le concombre, le hacher puis l'ajouter à la préparation. Ajouter le yaourt. Bien mélanger l'ensemble puis réserver au frais. Faire cuire les blancs de poulet au barbecue 10 minutes.

Servir les brochettes bien chaudes accompagnées de la raïta fraîche.

La poudre de tandoori, appelée aussi tandoori masala, se compose de cumin, de coriandre, de cannelle, de clous de girofle, de gingembre, de curcuma, de macis, de sel et de colorant.

Poulet au pesto

Pesto : *2 gousses d'ail / 50 g de pignons de pin / 1 bouquet de basilic / 100 g de parmesan râpé / 10 cl d'huile d'olive. 6 cuisses de poulet (de préférence « fermier ») / Sel, poivre.*

Prép. : 20 min – Cuiss. : 20 min 4 pers.

Préparer le pesto : mixer les gousses d'ail, les pignons de pin, le basilic avec le parmesan. Verser ensuite l'huile d'olive et mixer jusqu'à obtention d'une pâte.

Enduire les cuisses de poulet du pesto. Les mettre à griller sur un barbecue ou, à défaut, dans un four fonction « gril » pendant environ 20 minutes. Saler et poivrer juste au moment de servir.

Poulet mariné au saké

4 blancs de poulet / 6 pilons de poulet / 1 cuil. à café de poudre de cari / 1 cuil. à soupe de sucre en poudre / 1 verre de saké / 2 cuil. à soupe de sauce de soja / 2 cuil. à soupe de jus de citron / 2 cuil. à soupe de miel / 2 cuil. à soupe d'huile de tournesol / 1 gousse d'ail / 1 cuil. à soupe de graines de sésame blond / Sel, poivre noir du moulin.

Prép. : 10 min – Cuiss. : 15 min 4 pers.
Repos : 30 min

Ranger les morceaux de poulet dans un grand plat. Les saupoudrer de cari et de sucre. Dans un bol, mélanger le saké, la sauce de soja, le jus de citron, le miel et l'huile. Ajouter la gousse d'ail dégermée et émincée. Verser le tout sur la viande, bien mélanger puis recouvrir d'un film alimentaire. Laisser mariner ainsi 30 minutes au frais en mélangeant régulièrement.

Égoutter la viande puis la mettre à griller sur un barbecue ou dans un four, fonction « gril », pendant 15 minutes. Arroser régulièrement la viande de sa marinade.

Faire griller à sec les graines de sésame. En saupoudrer le poulet. Saler et poivrer. Servir bien chaud.

Le saké est une boisson japonaise alcoolisée à base de riz fermenté.

Grillades de poulet, sauce au roquefort

3 cuil. à soupe d'huile d'olive / 1 cuil. à soupe de vinaigre de cidre / 2 cuil. à café de Tabasco / 1 cuil. à café de paprika / 2 gousses d'ail / 4 ailes de poulet / 4 cuisses de poulet / Sel.
Pour la sauce : *100 g de roquefort / 300 g de fromage blanc / 1 cuil. à soupe de jus de citron / 1 cuil. à soupe d'huile d'olive / Sel, poivre.*

Prép. : 15 min – Cuiss. : 10 à 20 min — 4 pers.
Macération : 1 h

Dans un plat creux, mélanger l'huile d'olive avec le vinaigre, le Tabasco, le paprika et du sel. Peler l'ail puis le hacher finement. L'ajouter à la marinade. Y déposer les morceaux de poulet. Bien mélanger puis réserver au frais 1 heure, recouvert d'un film alimentaire.

Pendant ce temps, préparer la sauce : faire ramollir le roquefort (en le passant 20 secondes au micro-ondes ou au contact du barbecue), l'écraser à l'aide d'une fourchette puis le mélanger au fromage blanc avec le jus de citron, l'huile d'olive, du sel et du poivre. Passer la sauce au mixeur si elle n'est pas assez homogène. La réserver au frais.

Mettre la viande à griller sur un barbecue, en commençant par les cuisses (les ailes nécessitant moins de cuisson), en les badigeonnant régulièrement de marinade. Servir bien chaud, accompagné de la sauce au roquefort.

On peut servir également en accompagnement des bâtonnets de crudités (carottes, chou-fleur, concombre...) que l'on pourra tremper dans la sauce au roquefort.

Paella au poulet mariné

2 cuil. à soupe de jus de citron / 1 cuil. à soupe de vinaigre balsamique / 1 cuil. à soupe de poivre vert en saumure / 600 g de blanc de poulet / 2 petits oignons blancs nouveaux / 300 g de champignons de Paris / 125 g de petits pois surgelés / 2 cuil. à soupe d'huile d'olive / 300 g de riz rond / 60 cl de bouillon de volaille / Deux pincées de safran / 200 g d'ananas en conserve / Sel.

4 pers. Prép. : 20 min – Cuiss. : 45 min
Repos : 15 min

Dans une assiette creuse, mélanger le jus de citron avec le vinaigre balsamique et les grains de poivre vert égouttés. Y déposer le poulet préalablement découpé en aiguillettes. Laisser mariner 15 minutes au frais.

Éplucher les oignons et les émincer. Laver puis découper les champignons en lamelles.

Plonger les petits pois 8 minutes dans l'eau bouillante salée puis les égoutter.

Dans une poêle à paella, faire revenir les oignons émincés et les lamelles de champignon dans l'huile d'olive pendant 5 minutes.

Ajouter ensuite la viande. Au bout de 3 minutes de cuisson, la retirer ainsi que les champignons et les réserver au chaud.

Verser le riz en pluie au-dessus de la poêle. Remuer délicatement. Recouvrir du bouillon dès que les grains sont translucides. Ajouter le safran. Porter à ébullition et laisser cuire à feu vif 5 minutes. Ramener à feu doux et cuire 20 minutes à couvert.

Réincorporer la viande et les champignons. Ajouter les petits pois et les morceaux d'ananas (sans le sirop) et poursuivre la cuisson 2 minutes. Servir aussitôt.

Ce plat à base de riz fut importé en Espagne par les Arabes. Il doit son nom à la grande poêle dans laquelle on le cuisine. Ce plat typique en Espagne est traditionnellement préparé en plein air sur un feu de bois et par une main d'homme uniquement.

Brochettes de bœuf à la citronnelle

600 g de bœuf (rumsteck de préférence) / 1 cuil. à café de quatre-épices / 2 cuil. à soupe de sauce de soja / 2 cuil. à soupe d'huile d'olive / 2 cuil. à soupe de citronnelle hachée / 2 gousses d'ail / 2 belles carottes / 12 petits oignons blancs frais / Sel.

Prép. : 20 min – Cuiss. : 10 min 4 pers.
Repos : 1 h

Découper la viande de bœuf en gros cubes. La déposer dans un plat creux et la saupoudrer de quatre-épices. Bien mélanger. Ajouter la sauce de soja, l'huile d'olive et la citronnelle hachée.

Peler l'ail, le dégermer puis l'émincer. L'ajouter à la préparation.

Éplucher les carottes puis les détailler en rondelles assez fines. Peler les oignons blancs frais et les garder entiers. Recouvrir la viande et tous les éléments de sa marinade d'un film alimentaire et laisser mariner 1 heure au frais.

Sortir la viande de la marinade, l'embrocher sur des pics à barbecue en alternant 1 rondelle de carotte, 1 oignon blanc et 1 morceau de viande jusqu'à épuisement des ingrédients. Saler.

Faire griller les brochettes au barbecue pendant 10 minutes en les arrosant régulièrement du restant de marinade.

Servir avec des haricots verts frais parsemés de persil fraîchement haché.

La citronnelle est dotée d'une saveur subtilement citronnée qui apporte un goût rafraîchissant aux plats.

Tartare de bœuf

800 g de bœuf (haché au dernier moment) / 4 jaunes d'œufs / 1 botte de persil plat / 3 oignons blancs frais / 6 cornichons / 6 cuil. à soupe de câpres / Worcestershire sauce (ou Tabasco) / Ketchup / Moutarde forte / Sel, poivre blanc.

○○OO ✕ Prép. : 15 min 4 pers.

Disposer 4 boules de viande hachée sur 4 assiettes. Creuser dans chacune d'elles un petit puits et y déposer 1 jaune d'œuf.

Rincer le persil, l'effeuiller puis le hacher.

Répartir dans chaque assiette un peu d'oignons hachés, quelques lamelles de cornichons, un peu de persil et un peu de câpres.

Chaque convive pourra assaisonner à sa guise son tartare de bœuf avec du sel, du poivre, de la Worcestershire sauce, du ketchup et de la moutarde.

Travers de porc

1,500 kg de travers de porc / 3 gousses d'ail / 1 petit piment fort / 6 cuil. à soupe de ketchup / 6 cuil. à soupe de sauce de soja / 1 cuil. à café de sucre en poudre / 1/2 cuil. à café de gingembre en poudre / Poivre.

○○OO ✕✕ Prép. : 20 min – Cuiss. : 15 min 4 pers.
Repos : 1 h

Découper le travers de porc en plusieurs morceaux. Peler les gousses d'ail puis les hacher. Laver le piment, l'épépiner puis le couper en fines lamelles. Disposer le travers de porc dans un grand plat creux avec le hachis d'ail et de piment. Verser le ketchup et la sauce de soja.

Saupoudrer de sucre, de poivre et de gingembre en poudre. Bien mélanger le tout puis recouvrir d'un film alimentaire. Laisser mariner ainsi au moins 1 heure au frais.

Griller la viande au barbecue (ou dans un four, fonction « gril ») pendant 15 minutes en arrosant régulièrement de marinade et en la retournant à plusieurs reprises.

Brochettes d'agneau au thym et au romarin

2 branches de romarin / 1 cuil. à soupe de thym frais / 5 cuil. à soupe d'huile d'olive / 2 cuil. à soupe de vinaigre balsamique / 1 kg de gigot d'agneau désossé / 2 courgettes / 12 oignons blancs frais / 12 tomates cerise / Sel, poivre.

Prép. : 20 min – Cuiss. : 5 à 10 min — 6 pers.
Marinade : 1 h

Hacher les aiguilles du romarin et les mélanger au thym frais. Les arroser d'huile d'olive et de vinaigre balsamique.

Couper le gigot en gros cubes puis les plonger dans l'assaisonnement. Peler les courgettes une rangée sur deux puis les détailler en rondelles épaisses. Ajouter les courgettes dans la marinade. Bien mélanger l'ensemble puis réserver au frais 1 heure.

Peler les oignons. Laver les tomates cerise.

Monter les brochettes sur des pics en fer en alternant dés de viande et légumes. Les faire griller entre 5 et 10 minutes sur un barbecue (à défaut de barbecue, les cuire dans un four traditionnel, fonction « gril ») en les mouillant régulièrement de marinade à l'aide d'un pinceau. Saler et poivrer avant de servir.

Accompagner ces brochettes parfumées aux herbes de pommes de terre cuites en robe de chambre ou d'une salade de saison.

Brochettes de fruits à la cardamome

1 pêche / 1 banane / 1/4 d'ananas bien sucré / 16 fraises / Le jus de 3 citrons / 1 cuil. à soupe de rhum / 1 cuil. à soupe de miel liquide / 1 cuil. à soupe de sucre roux / 1/2 cuil. à café de cardamome en poudre.

Prép. : 20 min – Cuiss. : 5 min 4 pers.

Éplucher la pêche, la banane et l'ananas. Les détailler en 8 morceaux chacun. Laver les fraises et les équeuter.

Dans une petite casserole, faire chauffer le jus des citrons avec le rhum et y faire fondre le miel avec le sucre roux.

Piquer tous les fruits de façon harmonieuse sur 8 brochettes de barbecue. Les arroser de la moitié du sirop à la cardamome. Les faire cuire sur un barbecue pendant 5 minutes en les mouillant régulièrement du restant de sirop.

Accompagner ces brochettes de fromage en faisselle légèrement sucré.

Carpaccio de melon

125 g de framboises / 50 g de sucre en poudre / Le jus de 2 citrons / 2 melons sucrés / 10 cl de sirop de sucre de canne / 2 brins d'estragon frais.

Prép. : 20 min – Cuiss. : 10 min 4 pers.

Laver les framboises puis les cuire à feu doux avec le sucre et le jus des citrons jusqu'à obtention d'une purée.

Peler à vif les melons puis les couper en deux. Les épépiner puis les détailler en très fines tranches. Verser le sirop de sucre de canne dans les framboises compotées.

Rincer l'estragon puis le hacher finement.

Dresser en rosace les tranches de melon dans une grande assiette plate. Les arroser du sirop de framboises et parsemer d'estragon haché. Servir aussitôt.

Crumble pomme-banane à la cannelle

Pour la compote : *2 bananes / Le jus de 1 citron / 4 pommes / 20 g de beurre / 50 g de sucre en poudre.*
Pour la pâte : *95 g de beurre ramolli / 100 g de farine / 75 g de sucre en poudre / 1/2 cuil. à café de cannelle en poudre / Une pincée de sel.*

Prép. : 20 min – Cuiss. : 25 à 30 min 4 pers.

Éplucher les bananes, les couper en rondelles puis les citronner.

Peler les pommes, les couper en quartiers fins.

Dans une poêle antiadhésive, faire revenir les fruits dans le beurre. Quand ils commencent à réduire, les saupoudrer de sucre et poursuivre la cuisson 5 minutes.

Dans un saladier, mélanger 75 g de beurre ramolli avec la farine, le sucre, la cannelle et le sel. Pétrir le tout jusqu'à obtention d'une pâte sableuse complètement émiettée.

Beurrer légèrement un plat allant au four puis y disposer la compote de fruits. Émietter la pâte au-dessus sur toute la surface.

Enfourner le crumble pour 20 à 25 minutes à 180 °C (th. 6).

Accompagner ce crumble d'un thé earl grey ou d'un thé vert légèrement citronné.

On peut aussi remplacer la pâte sablée par des biscuits émiettés, du muesli ou de la chapelure.

Mousse de framboises au miel

1 kg de framboises / 6 feuilles de gélatine / Le jus de 1 citron / 240 g de sucre glace / 40 cl de crème fraîche bien froide / Chocolat noir / 2 cuil. à soupe de miel liquide.

Prép. : 20 min – Repos : 3 h 15 min 4 pers.

Rincer les framboises. Les mixer puis passer la chair dans une passoire fine pour ôter les pépins.

Faire tremper les feuilles de gélatine dans de l'eau froide.

Dans une petite casserole, faire chauffer à feu très doux le jus de citron, mélangé à la pulpe de framboise. Verser ensuite progressivement le sucre glace, sans cesser de mélanger l'ensemble au fouet. Ajouter les feuilles de gélatine préalablement égouttées. Laisser refroidir la préparation hors du feu puis la passer 15 minutes au frais.

Sortir la crème du réfrigérateur et la fouetter avec un batteur de façon à obtenir une mousse bien dense.

Incorporer ensuite délicatement la crème fraîche montée à la chair de framboise. Disposer la préparation dans des ramequins et réfrigérer pendant 3 heures.

À l'aide d'une râpe ou d'un couteau économe, réaliser quelques copeaux de chocolat. Les disposer sur la mousse. Couvrir de miel en filet et servir aussitôt.

Mousses de pêches à la verveine

2 sachets de verveine / 1 kg de pêches / 6 œufs / Le jus de 2 citrons non traités / 12 cl de lait concentré sucré / Deux pincées de cumin / 2 brins de menthe / Une pincée de sel.

Prép. : 20 min – Repos : 4 h 30 min 6 pers.

Faire infuser les sachets de verveine dans un bol d'eau bouillante.

Peler les pêches, ôter les noyaux puis détailler les fruits en quartiers. Les déposer dans un saladier et les arroser d'infusion. Laisser macérer les pêches 30 minutes en remuant régulièrement.

Les égoutter puis les mixer jusqu'à obtention d'une purée fine.

Séparer les blancs des jaunes d'œufs.

Dans un saladier propre, mélanger les jaunes d'œufs avec le jus de citron, le lait concentré, la purée de pêches et le cumin.

Monter les blancs en neige ferme avec une pincée de sel. Incorporer délicatement les blancs d'œufs en neige à la préparation. Répartir le mélange dans des ramequins. Les placer au frais pendant 4 heures avant de les déguster.

Servir les mousses décorées de feuilles de menthe fraîche.

Fraises au vinaigre

500 g de fraises / 6 cuil. à soupe de vinaigre balsamique / Sucre en poudre / 2 citrons jaunes / 3 brins de coriandre.

Prép. : 15 min – Repos : 2 h 4 pers.

Laver les fraises, les équeuter puis les couper en quatre. Les mettre dans un saladier avec le vinaigre balsamique et 3 cuillerées à soupe de sucre en poudre.

Peler les citrons à vif et détailler la pulpe en cubes. Les mélanger aux fraises et remuer pendant quelques minutes. Laisser ensuite reposer 2 heures au frais en remuant régulièrement. Les fraises vont rendre du jus.

Réajuster l'assaisonnement avec du sucre si nécessaire. Rincer les brins de coriandre puis les effeuiller. En parsemer la salade juste au moment de servir.

Servir avec du fromage blanc en faisselle ou simplement accompagné de gâteaux secs.

Salade épicée

4 kumquats / 2 mangues / 1 poire / 8 litchis frais (ou au sirop) / 1 papaye / 2 caramboles / Deux pincées de quatre-épices / 100 g de gingembre confit / 12,5 cl de lait de coco / 1 cuil. à soupe de sucre roux / 1 citron vert non traité.

Prép. : 20 min – Repos : 30 min 4 à 6 pers.

Rincer les kumquats. Peler les mangues, la poire, les litchis et la papaye. Détailler la chair de ces fruits en dés. Laver les caramboles puis les couper en tranches de manière à obtenir des formes d'étoile.

Dans un saladier, disposer les fruits coupés. Les saupoudrer de quatre-épices. Couper le gingembre confit en petits morceaux et l'ajouter à la salade. Bien mélanger le tout puis réserver au frais 30 minutes.

Au moment de servir, faire tiédir le lait de coco à feu doux et y faire fondre le sucre. Napper la salade de fruits de cette sauce tiède au lait de coco ou la présenter dans un petit bol en accompagnement. Décorer avec des rondelles de citron vert.

Sorbet à l'ananas

380 g de sucre en poudre / 85 cl de jus d'ananas (sans sucre ajouté) / 3 cuil. à soupe de jus de citron / 1/2 cuil. à café de cannelle / 1 blanc d'œuf.

Prép. : 25 min – Cuiss. : 15 min 4 pers.
Repos : 2 h

Dans une casserole, faire bouillir le sucre et le jus d'ananas. Baisser le feu et cuire 5 minutes en écumant si nécessaire.

Hors du feu, incorporer le jus de citron et la cannelle. Verser le tout dans un saladier et laisser refroidir. Couvrir d'un film plastique et congeler 2 heures.

Mixer la préparation à moitié congelée à l'aide d'un batteur électrique puis remettre au congélateur. Répéter cette opération deux fois. Ajouter ensuite le blanc d'œuf préalablement battu et mixer à nouveau.

Recouvrir du film plastique transparent et congeler jusqu'au moment de servir.

Tarte poires-chocolat

1 pâte brisée / 125 g de chocolat noir / 1 grande boîte de poires au sirop / 2 jaunes d'œufs / 20 cl de crème fraîche liquide / 10 cl de lait / 1 sachet de sucre vanillé / 50 g de sucre cristallisé.

Prép. : 20 min – Cuiss. : 35 min 4 pers.

Foncer un moule à tarte de pâte brisée.

Faire fondre le chocolat avec 2 cuillerées à soupe de sirop de poires.

Étaler le chocolat fondu sur le fond de tarte. Couper les poires en fines lamelles, les disposer sur le chocolat.

Battre les 2 jaunes d'œufs avec la crème fraîche, le lait et le sucre vanillé. Verser le tout sur les poires et le chocolat. Cuire à four chaud, à 210 °C (th. 7), pendant 35 minutes environ.

Saupoudrer la tarte de sucre cristallisé et repasser quelques minutes au four.

Servir la tarte tiède ou froide, selon les goûts.

Milk-shakes de framboises au basilic

100 g de framboises / 2 brins de basilic / 25 cl de lait / 2 cuil. à soupe de crème fraîche épaisse / 3 cuil. à soupe de sucre en poudre / 1 cuil. à café de sucre vanillé / 4 boules de glace à la vanille.

Prép. : 10 min — 2 pers.

Mixer les framboises et le basilic effeuillé. Ajouter le lait, la crème fraîche, le sucre et le sucre vanillé. Mélanger jusqu'à obtention d'une texture homogène.

Verser la préparation dans 2 grands verres transparents. Les réserver au frais jusqu'au moment de servir. Servir les milk-shakes complétés par une boule de glace avec des pailles.

Milk-shakes de pastèque à l'orgeat

1 belle tranche de pastèque / 50 cl de lait de soja nature (ou de boisson au riz) / 4 cuil. à soupe de sirop d'orgeat / 10 glaçons.

Prép. : 15 min — 2 verres

Détailler la chair de la pastèque en dés, ôter les pépins puis la réduire en purée. Verser le lait de soja dans un shaker (à défaut dans une bouteille d'eau propre munie d'un bouchon). Ajouter le sirop d'orgeat. Piler les glaçons au mortier puis les mettre dans le shaker.

Mélanger vigoureusement la préparation pendant 30 secondes puis la verser dans 2 grands verres transparents. Ajouter la purée de pastèque sans mélanger. Présenter les verres avec un bâton mélangeur.

On peut décorer les verres d'une boule de pastèque extraite avec une cuillère à pommes parisiennes.

Orangeade au zeste de citron

2 belles oranges non traitées / 1 citron jaune non traité / 1 morceau de 2 cm de gingembre frais / 50 g de sucre roux / 50 cl d'eau gazeuse / 8 glaçons.

2 verres Prép. : 20 min

Laver les oranges puis les couper en tranches. Rincer le citron, en râper le zeste puis le détailler en tranches. Peler le gingembre et le hacher finement.

Dans une théière, déposer les tranches d'orange et de citron avec le sucre, le zeste de citron et le gingembre haché.

Verser 30 cl d'eau bouillante dessus et laisser infuser jusqu'à total refroidissement. Verser l'infusion dans les verres en la filtrant avec une passoire fine.

Compléter avec de l'eau gazeuse. Ajouter les glaçons préalablement pilés au mortier et servir aussitôt.

Yaourt glacé à la menthe

6 glaçons / 4 yaourts brassés nature / 2 cuil. à soupe de sirop de menthe / 4 feuilles de menthe.

4 pers. Prép. : 10 min

Réduire les glaçons dans un mixeur. Ajouter aussitôt les yaourts et le sirop de menthe. Servir immédiatement dans des verres décorés de feuilles de menthe fraîche.

On peut agrémenter cette préparation d'un trait de sirop d'orgeat.

TABLE DES MATIÈRES

Introduction 3

Les produits de pleine saison 4

Quelques conseils de conservation et de préparation 4

Salades

- Gaspacho andalou 8
- Gaspacho de concombre 10
- Coleslaw 12
- Râpé de betteraves 12
- Salade de calmars au citron et au miel 14
- Salade grecque 15
- Salade de haddock à la crème d'avocat 18
- Salade niçoise 20
- Mâche aux oranges 22
- Taboulé libanais 22
- Taboulé traditionnel 24
- Tomates mozzarella 26

Entrées fraîches

- Carpaccio de bœuf au thym et aux olives 28
- Carpaccio de thon et mousse au basilic 30
- Guacamole 32
- Pâté de thon en terrine 34
- Pitas au thon 36
- Tapas d'artichaut 36
- Rillettes de saumon frais 38
- Terrine de poivrons à la tapenade 40

Entrées chaudes

- Croustillants de fromage aux courgettes 42
- Dés d'omelette au poivre de Sichuan 44
- Figues rôties au jambon cru 46
- Patatas bravas 48
- Tapas de gambas au paprika et à l'aïoli 50
- Tapas de calmars frits 52
- Tapas de poivrons 52

Plats

- Brochettes de colin à l'ananas 54
- Espadon à l'anchoïade 56
- Flétan aux agrumes 58
- Curry de julienne aux petits pois frais 58
- Tartare de saumon à l'aneth sur tartare de concombre 60
- Canard au thym 62
- Poulet tandoori 62
- Poulet au pesto 64
- Poulet mariné au saké 64

Grillades de poulet, sauce au roquefort 66
Paella au poulet mariné 67
Brochettes de bœuf à la citronnelle 70
Tartare de bœuf 72
Travers de porc 72
Brochettes d'agneau au thym et au romarin 74

Desserts

Brochettes de fruits à la cardamome 76
Carpaccio de melon 76
Crumble pomme-banane à la cannelle 78
Mousse de framboises au miel 80
Mousses de pêches à la verveine 82
Fraises au vinaigre 84
Salade épicée 84
Sorbet à l'ananas 86
Tarte poires-chocolat 86

Boissons

Gaspacho de fruits rouges 88
Milk-shakes de framboises au basilic 90
Milk-shakes de pastèque à l'orgeat 90
Orangeade au zeste de citron 91
Yaourt glacé à la menthe 91

Dépôt légal 2e trim. 2006 n° 3 140

Imprimé en U.E.